¡Azúcar!

IVAR DA COLL

LECTORUM
PUBLICATIONS INC

PARA ANNEMARIE

Library of Congress Cataloging-in-Publication Data
Da Coll, Ivar.
Azucar! / Ivar Da Coll.
p. cm.
ISBN 1-930332-65-3
1. Cruz, Celia–Juvenile poetry. 2. Singers–Latin
America–Biography–Juvenile poetry. I. Title.
ML3930.C96D3 2005
782.42164'092–dc22
2004010738

ISBN 978-1-930332-65-2
ISBN 978-1-941802-14-4 (e-book)

10 9 8 7 6 5 4 3
Printed in Malaysia

¡Quién iba a imaginar que la joven que quería ser maestra terminaría siendo una leyenda que a su paso tocaría con su voz y su carisma a todo el que la conoció!

Celia Cruz queda para la historia como la más importante exponente de la salsa. Para mí, Celia fue una hermana mayor que me brindó sabios consejos en los momentos más oportunos. Sólo una palabra envuelve el legado de amor que nos dejó esta mujer: MAGIA. Ella era mágica, única y universal. Aquí, mis queridos niños, tienen en sus manos la entrañable historia de la hechicera de la canción. Disfrútenla con mucho sabor: ¡Azúcar!

—CRISTINA SARALEGUI

Tenía doce años de edad cuando por primera vez escuché a Celia cantar. *Burundanga* era el título de la canción. Desde entonces me quedó el gusto por su música. Conocí sus grabaciones con la *Sonora Matancera*, la *Fania All Stars*, y al final de su carrera, sus éxitos como solista.

Celia fue una niña humilde, nacida en Cuba, que con gran esfuerzo triunfó con su arte en el mundo entero, pero que además tuvo la fortuna de casarse con un hombre muy especial, Pedro Knight, quien la apoyó en todo y que para ella fue un esposo, un representante de su trabajo, un amigo del alma, en fin, no menos que un Príncipe que la hizo inmensamente feliz. Y a propósito de felicidad, ésta fue otra de las cualidades de Celia, porque cuando uno sólo tiene para con la vida agradecimiento, el resultado es ser una persona alegre y llena de optimismo. Así pues, espero que esta historia contribuya en algo a que todos sigamos aprendiendo las cosas positivas que Celia nos entregó durante su vida.

—IVAR DA COLL

Ésta era una familia muy feliz:

Catalina Alfonso,
su esposo Simón Cruz
y su pequeña hija, Dolores.

A Catalina
todos le decían
cariñosamente
"Ollita".

Simón trabajaba
como fogonero en un tren.

Y Dolores . . . estaba muy
contenta pues pronto tendría
un hermanito . . . ¿O sería
una hermanita?

Aquí comienza la historia:

Fue en mil novecientos y . . . no sé qué tantos.
Veintiuno de octubre marcó el calendario.
Allá en Santos Suárez, un humilde barrio,
en La Habana, Cuba, para ser exactos.

"Ve, corre hasta el tren,
allá en la estación,
y avisa a Simón
que ya va a nacer".

"Simón, date prisa. ¡Apúrate! ¡Vuela!
Ya deja el carbón, el tren, la caldera.
Tu hija Dolores, 'Ollita' y la abuela
con una sorpresa en casa te esperan".

Simón ve a su hija. Está emocionado.
La alza, la besa y le da un abrazo.
"¡Qué linda, mi niña!", dice entusiasmado.
La mima, le canta, la arrulla en sus brazos.

Ollita adoraba a la Virgen del Cobre
y para su niña propuso este nombre:
Se llamará Celia que es muy musical.
Y honrando a la Virgen: Celia Caridad.

La familia Cruz fue creciendo más.
Hubo otras sorpresas para sus papás.
A Celia y Dolores también se sumaron
Bárbaro y Gladys, dos nuevos hermanos.

En aquel hogar, durante las tardes
Celia se sentaba juntito a su padre
a escuchar guarachas, ritmos tropicales,
tangos y boleros muy sentimentales.

Tanto le gustaban esas melodías
que ella las cantaba para su familia.
Todos la escuchaban, todos la aplaudían.
"¡Qué bonito cantas, qué voz . . . !", le decían.

Al crecer la niña, quiso ser maestra.
Estudió en la Escuela Normal de La Habana.
Quería enseñar, estar siempre rodeada
de niños, de libros, cuadernos y letras.

Entonces, de pronto, se alteró su vida.
Su idea de enseñar cambió por completo.
Convirtió su sueño en un nuevo reto:
¡Había nacido para ser artista!

En una emisora de radio en La Habana
había un programa de nuevos cantantes
donde se premiaba todas las semanas
al mejor de todos los participantes.

Serafín, su primo, gran admirador,
la animó una tarde a participar.
Confiado le dijo: "Con tu bella voz,
puedo asegurarte que vas a ganar".

En ese programa, "La hora del té",
ganó el primer puesto; el premio: un pastel.
Allí interpretó, con gracia, con magia,
un lindo bolero llamado *Nostalgia*.

Fue así como Celia encontró su pasión.
Y al Conservatorio fue a educar su voz.
Cambió su trabajo, su estilo de vida.
Estudió solfeo, ritmo y armonía.

Luego fue a cantar a muchos teatros.
Del canto y la música hizo una carrera;
viajes y conciertos, éxitos, aplausos,
y un disco grabó allá en Venezuela.

"TEATRO FAUSTO"
PRESENTA A:

CELIA CRUZ
Y
LAS MULATAS
DE FUEGO

COREOGRAFÍA DE:
RODNEY

La Sonora Matancera,
una orquesta importante
buscaba una gran solista,
una excelente cantante.

Celia cantó para ellos
guarachas y guaguancós.
Así cautivó a la orquesta;
también a su director.

Entonces nació una estrella,
y además nació un amor.
El que tocaba trompeta,
de Celia se enamoró.

Ella le echó los ojitos,
también le gustó el señor.
Así entre música y ritmo
Pedro Knight la conquistó.

Un día Cuba cambió.
Cambió el gobierno, la vida.
La canción se hizo silencio
en su Cuba tan querida.

La abundancia fue escasez.
La alegría se hizo tristeza.
No quedaron para muchos
ni esperanzas ni promesas.

Celia y sus guaracheros
se alejaron de La Habana.
Viajarían hasta muy lejos
con su música cubana.

"¡Suban, chicos, que aquí cabemos!
Es un avión, no es una guagua.
Traigan todos los instrumentos,
sopa en botella, melao de caña".

"Que vengan de Siboney
Bernabé y Muchilanga,
con Juancito Trucupey
pues nos vamos de parranda".

"Hasta siempre, isla de sueños,
de algodón, cacao y caña.
Estarás en mis recuerdos,
ahí donde queda el alma".

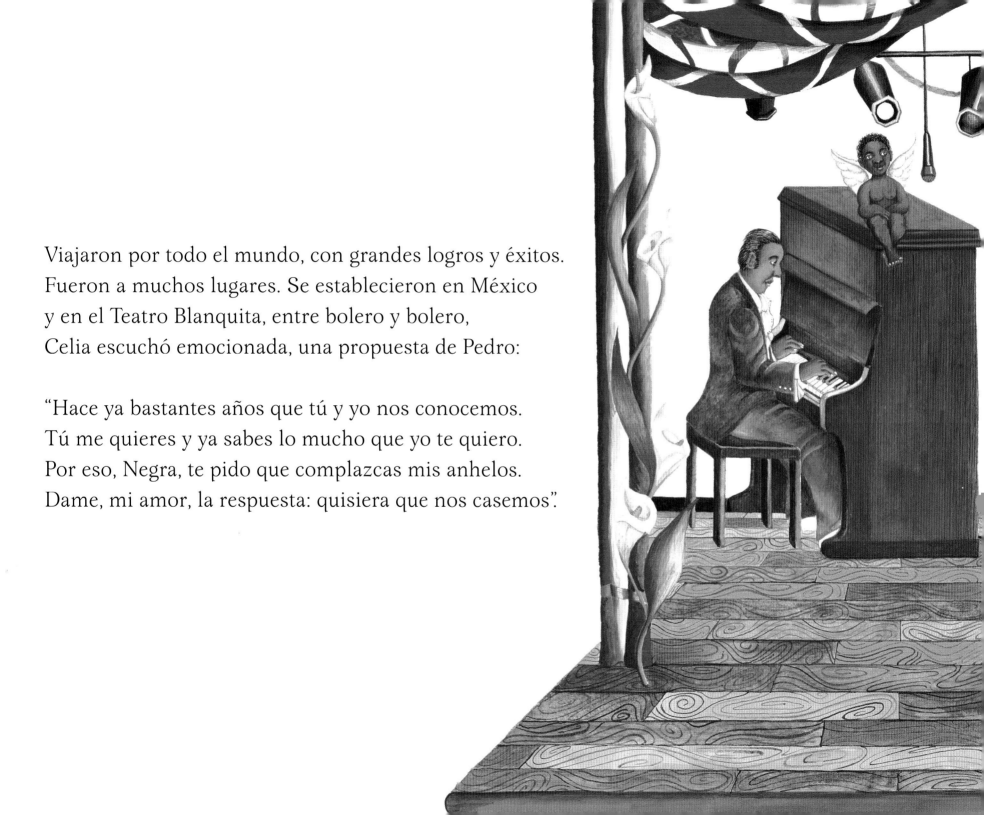

Viajaron por todo el mundo, con grandes logros y éxitos.
Fueron a muchos lugares. Se establecieron en México
y en el Teatro Blanquita, entre bolero y bolero,
Celia escuchó emocionada, una propuesta de Pedro:

"Hace ya bastantes años que tú y yo nos conocemos.
Tú me quieres y ya sabes lo mucho que yo te quiero.
Por eso, Negra, te pido que complazcas mis anhelos.
Dame, mi amor, la respuesta: quisiera que nos casemos".

"Acepto este compromiso; casarme es lo que más quiero.
Estar unida a tu vida. Estar contigo, mi Pedro".
Pasaron algunos meses e hicieron real su sueño;
un juez de Estados Unidos selló la unión entre ellos.

Amor eterno juraron y esa promesa cumplieron.
Se admiraban, se querían, se tenían mutuo respeto.
Por eso Celia decía: "Si llego a nacer de nuevo
sin dudarlo ni un segundo me caso otra vez con Pedro".

Se cuidaban, se adoraban.
Su amor era grande y fuerte.
La gente los admiraba
por su forma de quererse.

Muchas veces les pidieron
que contaran su secreto.
Y con todos compartieron
estos sencillos consejos.

Si deseas conseguir
una relación feliz
no discutas por un no
y tampoco por un sí.

No te vayas a dormir
enojado y con rencor.
Arregla las diferencias.
Dale un besito a tu amor.

Celia y Johnny Pacheco,
cantaron salsa un buen día
poniendo al mundo a bailar
desde América hasta China.

La salsa, un ritmo sabroso
que le da chispa a la vida;
mezcla de sones, guarachas
y hasta algo de guajiras.

Con la orquesta La Ponceña
fueron a muchas ciudades.
Con la salsa caribeña
visitaron mil lugares.

Ella siempre se inspiraba
y empezaba a improvisar.
Tito Puente la seguía
repicando en el timbal.

Con su amigo Ray Barreto,
también con Willie Colón,
le dieron mucho sabor
y ritmo a cada canción.

Llegando a un feliz acuerdo
decidieron combinar
afecto, ritmo y talento
en la Fania All Star.

Celia fue la vocalista
de esa agrupación salsera.
No existió mejor artista
que la Reina Guarachera.

Sucedió en Miami, no recuerdo el año:
en un restaurante de sabor cubano.
Todos en la mesa ya habían terminado,
entonces pidieron café muy cargado.

Dijo el camarero algo despistado:
"¿Le pongo azúcar o lo sirvo amargo?"
Y Celia le dijo: "¿No sabes, muchacho,
que va con azúcar el café cubano?".

Y surgió la frase, fue algo repentino:
Un día salió Celia de su camerino
gritando "¡Azúcar!" por todo el camino.
"¡Azúcar mi gente! ¡Azúcar amigos!".

Zapatos sin Tacón

No sólo su voz fue muy especial;
Ella era un ser muy original.

Los vio por primera vez
en un puesto mexicano.
Por raros que parecieran,
a Celia le fascinaron.
La punta agarraba el pie,
y el talón quedaba suelto.
Desde entonces los calzó
en toditos sus conciertos.

Mil Vestidos

Nunca usó más de dos veces

ninguno de sus vestidos,

hechos con telas muy finas,

hermosos y llamativos.

Cuentan que muchos de ellos

debían de ser pesados,

mas Celia con su alegría

lograba hacerlos livianos.

Cien Pelucas

Un día en la peluquería

cansada de tanta espera,

de los tintes, de las pinzas,

los cepillos, las tijeras,

Celia dijo: "Se acabó.

No puedo con esta lucha.
Desde ahora en adelante
me pondré siempre peluca".

Pasaron los años, llegó el 2003.
Mediados de julio, un día 16.
La prensa del mundo hacía saber:
"Sentimos tristeza, Celia se nos fue".

Miles de personas estaban de duelo;
banderas de Cuba, flores y pañuelos;
carteles escritos: "No te olvidaremos",
rodearon la tumba el día del entierro.

Siempre vivirás

¡AZÚCAR PARA SIEMPRE!

Allí el Arzobispo dijo estas palabras:
"El pueblo de Cuba es como el café,
y Celia el azúcar que nunca faltaba
brindándole siempre alegría y fe".

Se abrieron las puertas del cielo
y sobre unas nubes de azúcar
un coro de ángeles negros
cantó para Celia aleluyas.
Seguro que junto con ellos
le dio por bailar una rumba,
y al lado del Rey de los Cielos
a dúo gritaron:

¡¡¡¡AZÚCAR!!!!